Liebe Eltern,

jedes Kind ist anders. Darum muss sich
die konzeptionelle Entwicklung von
Lesetexten für Kinder unbedingt an den
besonderen Lernentwicklungen des
einzelnen Kindes orientieren. Wir haben deshalb für
unser Bücherbär-Erstleseprogramm 5 Lesestufen
entwickelt, die aufeinander aufbauen. Sie entsprechen
den Fähigkeiten, die notwendig sind, um das Buch zu
(er-)lesen und zu verstehen. Allein das Schuljahr eines
Kindes kann darüber nur wenig aussagen.
Welche Bücher für Ihr Kind geeignet sind, sehen Sie in
der Übersicht auf der Buchrückseite.
Unser Erstleseprogramm holt die unterschiedlich
entwickelten Kinder dort ab, wo sie sind. So gewinnen sie
Lesespaß von Anfang an – hoffentlich ein Leben lang.

Prof. Dr. Peter Conrady
*Hochschullehrer an der Universität Dortmund
und Erfinder des Leselern-Stufenkonzepts*

In Zusammenarbeit mit dem *Westermann* Schulbuchverlag

Der Bücherbär

Allererstes Lesen

Dieses Buch gehört:

_____

Christian Seltmann
studierte Geschichte, Germanistik und Philosophie in Bochum.
Heute lebt er mit seiner Familie in Berlin, wo er unter anderem
als Autor von Drehbüchern, Hörspielen oder Theaterstücken
und als Übersetzer tätig ist.

Sonja Egger
wurde 1967 in Graz geboren. Sie studierte das Fach
Bühnenbild an der Universität für Darstellende Kunst in Wien
und absolvierte eine Grafik-Ausbildung. Seit einigen Jahren ist
sie als freischaffende Illustratorin für verschiedene Verlage tätig.

Christian Seltmann

Los, Taran, ab durch die Wolken!

Drachenreiter-Geschichten

Mit Bilder- und Leserätseln

Bilder von Sonja Egger

Arena

1. Auflage 2011
© Arena Verlag GmbH, Würzburg 2011
Alle Rechte vorbehalten
Einband und Illustrationen: Sonja Egger
Gesamtherstellung: Westermann Druck Zwickau GmbH
ISBN 978-3-401-09770-1

www.arena-verlag.de

Inhalt

Luka und Taran   10

Wettrennen für Drachen   21

Drachen-Suppe gegen Schnupfen   30

Das große Drachenreiter-Fest   36

Lösungen   42

Luka und Taran

Luka ist erst sieben Jahre alt.
Aber er wagt sich ganz nah
an die Drachen-Höhle heran.

Taran, der Drache, schläft.
„Wach auf!", ruft Luka.
Denn er will ein Drachen-Reiter sein.

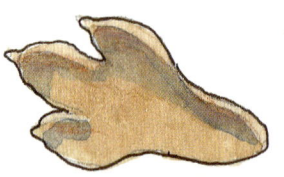

Luka weiß,
dass Drachen-Reiter
furchtlos sein müssen.

Mutig nimmt Luka
einen langen Grashalm
und kitzelt Taran damit
in der Nase.

☞ Wie alt ist Luka?

Das kribbelt ganz fürchterlich.
Taran muss niesen.
Dabei speit er kleine Flammen
aus den Nasenlöchern.

„Warum weckst du mich?",
faucht Taran.

Luka nimmt
all seinen Mut zusammen:
„Lass uns reiten!"

Taran blickt ihn prüfend an:
„Bist du nicht noch zu klein,
um ein Drachen-Reiter zu sein?"

Luka schüttelt den Kopf:
„Ich habe keine Angst!"

Taran flattert mit den Flügeln.
Luka muss seine Mütze festhalten,
damit sie nicht wegweht.
„Lass sehen!", sagt Taran und
nimmt Luka auf den Rücken.

Taran schlägt mit den Flügeln.
Sie heben ab.

„Hast du keine Angst,
wenn wir durch die Wolken fliegen?",
ruft Taran.

14

„Drachen-Reiter müssen furchtlos sein!"
Luka schüttelt tapfer den Kopf:
„Ich habe keine Angst!"

„Versprochen?", fragt Taran
und stürzt sich in ein Gebirge
aus düsteren Wolken.

„Versprochen!", ruft Luka.

Ganz dunkel wird es.
Aber das Drachen-Reiten
macht viel Spaß.

16

„Ist das schon alles?",
spottet Luka.
„Na warte!", lacht Taran.
Der Drache hat Spaß
mit so einem mutigen Reiter.

Taran schlägt
einen Purzelbaum in der Luft.
Mitten durch eine dicke Wolke!

„Mehr!", ruft Luka.
Taran lacht laut
und fliegt schneller.

Sie jagen im Sturzflug
der Erde entgegen.
Luka klettert
von Tarans Rücken.

„Du bist wirklich
ein furchtloser Drachen-Reiter!",
lobt Taran seinen neuen Freund.

„Mit dir macht es mehr Spaß
als mit allen anderen Reitern!"

☞ Wenn Taran mal keine Lust zum Fliegen hat,
versteckt er sich.
Kannst du ihn finden?

Wettrennen für Drachen

Luka und Taran wollen
das Drachen-Rennen gewinnen.

Als sie zum Start kommen,
erschrickt Luka:
„Die anderen Drachen
sind viel größer als du!"

21

„Na und?", lacht Taran.
„Die anderen Reiter
sind viel älter als du."

Ein riesiger chinesischer Drache
sieht auf Luka herab.
„Na, du Knirps?"
„Wart's nur ab", brummt Taran.

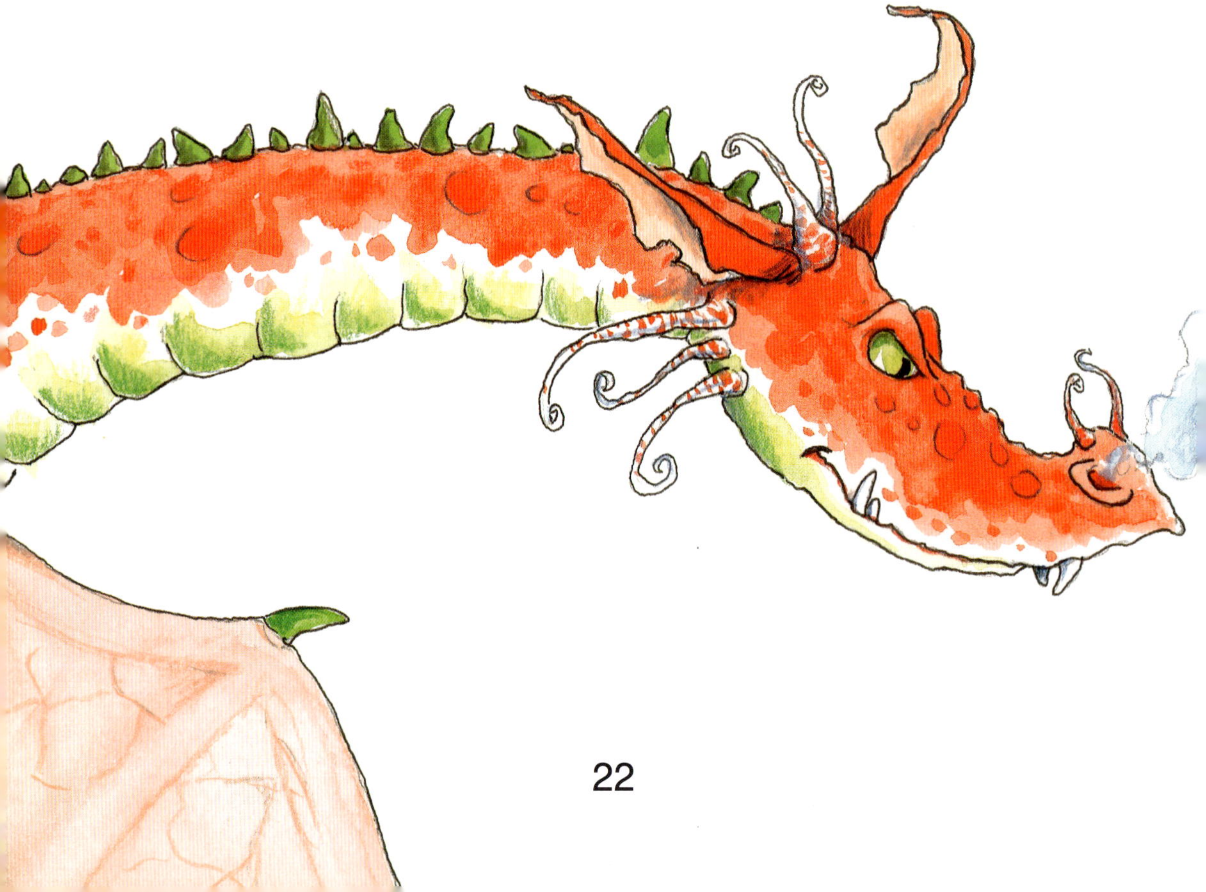

Ein großer schwarz-grüner
Pocken-Drache
fletscht seine Zähne.

Da fällt schon der Start-Schuss
„Los!"
Taran schlägt mit den Flügeln,
so schnell er kann.

„Schneller!"
Luka hält sich gut fest.
Taran jagt durch eine enge Spalte
zwischen zwei Felsen.

Luka dreht sich um.
Der Pocken-Drache steckt fest.
„Gut gemacht!", ruft Luka.

☞ Wo steckt
der Pocken-Drache fest?

Da taucht
der chinesische Drache auf.
Er macht
ein ganz gemeines Gesicht.

„Pass auf!", schreit Taran.
Luka kann
einem Flammen-Stoß
gerade noch ausweichen.

„Schüttle ihn ab!", ruft Luka.

„Lass dir was einfallen", ruft Taran.

Luka schneidet dem Drachen
und seinem schrecklichen Reiter
eine Fratze.

„He ihr!", ruft Luka.
Der Reiter muss grinsen.
Taran streckt
seine Zunge heraus
und schielt mit den Augen.

Der chinesische Drache
und sein Reiter müssen lachen.
So sehr, dass sie landen müssen.

Da macht Taran
einen Satz nach vorn.
Sie haben das Ziel erreicht.
„Erster!", jubelt Luka.
„Gewonnen!", ruft Taran.

☞ Wie findet Taran in seine Höhle zurück?

Drachen-Suppe gegen Schnupfen

Heute ist Taran traurig.

„Was hast du?", fragt Luka.

Taran faucht trübe vor sich hin.

„Ein Nasenloch ist verstopft!"

Tatsächlich!

Nur aus einem kommt Rauch.

„Wie kann ich dir helfen?",

fragt Luka.

Taran zuckt mit den Flügeln.
„Keine Ahnung!"

„Kamillen-Tee?", fragt Luka.
„Bäh!", sagt Taran trotzig.

Luka holt eine Luftpumpe.
„Wir pusten dich durch!"
Doch Taran schüttelt den Kopf.

 Mag Taran Kamillen-Tee?

Luka fragt Jaromir,
den weisen Drachen-Reiter.
„Ich verrate dir ein Zauber-Rezept",
sagt Jaromir geheimnisvoll.

„Was ist das für ein Rezept?",
fragt Taran neugierig.
Doch Luka verrät nichts.

Nacheinander wirft Luka
in den Suppentopf:
10 Radieschen,
15 scharfe Chili-Schoten,
30 Zwiebeln,
eine Knolle Knoblauch
und ein Stück Ingwer.

„Bäh!", macht Taran,
als er die Suppe trinkt.
„Das kribbelt!"

Von ganz tief hinten
aus dem Rachen
steigt es scharf
und kratzig auf.

„Ha-ha-hat-schi!"
Taran speit
zwei mächtige Flammen.

„Hurra!", ruft Luka.

„Aufsitzen!", lacht Taran.

Und schon sind sie

in den Wolken verschwunden.

☞ Was gehört nicht in die Suppe?

Das große Drachenreiter-Fest

Taran und Luka besuchen
das Drachenreiter-Fest.

Luka ist schon ganz gespannt.
Da erblicken sie
die Drachen-Reiter:
Das sind finstere Gesellen!

36

Beim Fest gibt es
furchtbar viel zu essen.

Es gibt Prügeleien
und riesige Lagerfeuer.
Das lieben die Drachen-Reiter.

☞ Was gibt es beim Drachenreiter-Fest?

Luka und Taran sind ganz anders.
Sie betreten den Festplatz,
heben sich in die Luft
und singen ihr Lied:

„Mit dir will ich zu allen Zeiten
durch die höchsten Wolken reiten.
Denn man nennt uns Drachen-Reiter.
Richtig! Hurra!"

Die anderen Drachen und Reiter
gucken komisch.

Luka und Taran singen:
„Wir fliegen los mit tausend Sachen –
sind wir zusammen,
gibt es nichts als Lachen!
Wo wir sind, da muss es richtig krachen.
Hurra!"

Der weise Jaromir räuspert sich
und summt mit.
Und plötzlich stimmen alle Reiter
und Drachen ein:

„Mit dir will ich zu allen Zeiten
durch die höchsten Wolken reiten.
Denn man nennt uns Drachen-Reiter.
Richtig! Hurra!"

☞ Welcher Drache gehört zu welchem Reiter?

41

Lösungen

Seite 11:

Luka ist sieben Jahre alt.

Seite 20:

Hier versteckt sich Taran:

Seite 24:

Der Pocken-Drache steckt
in einer engen Fels-Spalte fest.

Seite 29:

So findet Taran in
seine Höhle zurück:

Seite 31:

Taran mag keinen Kamillen-Tee. Den findet er scheußlich.

Seite 35:

Das gehört nicht in die Suppe:

Seite 37:

Das Drachenreiter-Fest ist
wirklich eine wilde Veranstaltung:
Es gibt viel zu essen, Prügeleien
und riesige Lagerfeuer.

Seite 41:

So gehören die Drachen
und Reiter zusammen:

Allererstes Lesen

Der Bücherbär
Allererstes Lesen

Linus und die wilden Seeräuber
Piratengeschichten
Frauke Nahrgang

Kleine Blumenelfe Tilia
Elfengeschichten
Milena Baisch

Eine Klasse für Pia und Moritz
Schulanfangs-Geschichten
Sabine Kalwitzki

Zack und seine Freunde
Dino-Abenteuergeschichten
Frauke Nahrgang

Linus und die wilden Seeräuber
ISBN 978-3-401-09432-8

Kleine Blumenelfe Tilia
ISBN 978-3-401-09433-5

Eine Klasse für Pia und Moritz
ISBN 978-3-401-09649-0

Zack und seine Freunde
ISBN 978-3-401-09670-4

Ab 5/6 Jahren

1. Lesestufe

Allererstes Lesen
Kurze Geschichten zum allerersten Selberlesen

Die Reihe „Allererstes Lesen" ist auf die Fähigkeiten von Leseanfängern abgestimmt: Übersichtliche Leseeinheiten und kurze Zeilen sind ideal zum Lesenlernen. Die ausdrucksstarken Bilder unterstützen zudem das Textverständnis.

Große Fibelschrift und Zeilentrennung nach Sinneinheiten

Einfache Geschichten mit kurzen Zeilen

Viele farbige Bilder

Mit Bilder- und Leserätseln

Mit Leserätseln und Glitzersticker

Plötzlich dröhnt eine Stimme: „Wolfsalarm!" Es ist der starke Erik.

Alle Wikinger laufen herbei und schwingen ihre Äxte. Der kleine Wolf flieht in den Wald.

Die Wikinger stürmen hinterher. Besorgt läuft Pelle ihnen nach.

Findest du den kleinen Wolf? Aber verrate ihn nicht!

Innenseite aus „Pelle auf großer Fahrt – Wikingergeschichten" ISBN 978-3-401-09309-3

Jeder Band: Ab 5/6 Jahren • Allererstes Lesen • Durchgehend farbig illustriert • 48 Seiten
Gebunden • Format 17,5 x 24,6 cm • Mit Bücherbär am Lesebändchen und Glitzer-Stickerbogen

Kleine Geschichten

Der Bücherbär
Kleine Geschichten

Piratengeschichten
ISBN 978-3-401-08342-1

Spannende
Baumhausgeschichten
ISBN 978-3-401-08755-9

Prinzessinnengeschichten
ISBN 978-3-401-09212-6

Zauberponygeschichten
ISBN 978-3-401-09427-4

Mit Fragen zum
Leseverständnis

Ab 6 Jahren

2. Lesestufe

Kleine Geschichten

Kurze Geschichten zu einem beliebten Thema

Die kurzen Geschichten rund um ein beliebtes Thema sind besonders gut zum allerersten Selberlesen. Durch die klare Textgliederung und die vielen farbigen Illustrationen ist das Lesen ganz leicht.

Große Fibelschrift

Sehr einfache Textgliederung für das erste Lesejahr

Zeilentrennung nach Sinneinheiten

Hoher Illustrationsanteil

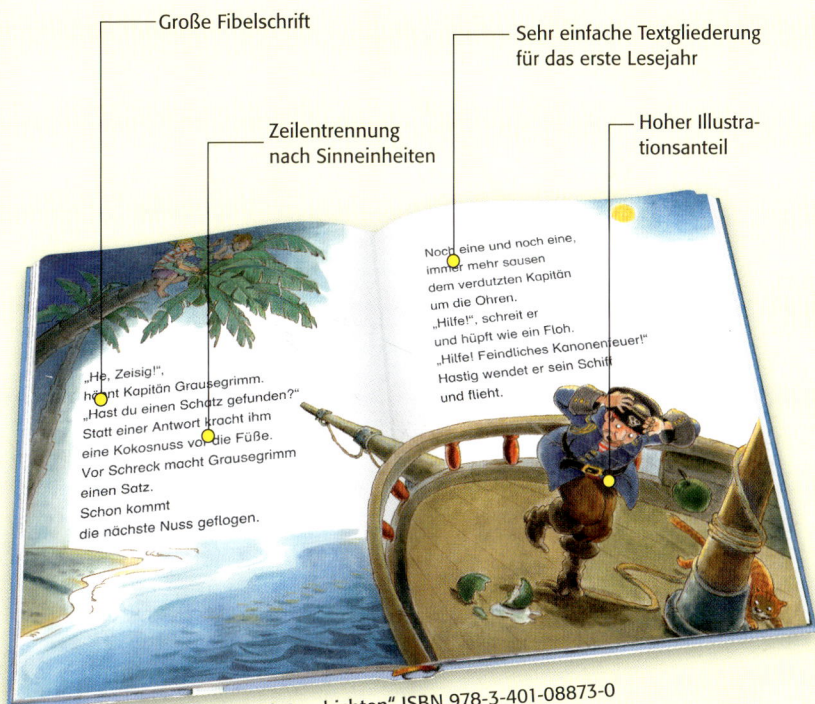

Innenseite aus „Abenteuerinsel-Geschichten" ISBN 978-3-401-08873-0

Jeder Band: Ab 6 Jahren • Kleine Geschichten • Durchgehend farbig illustriert
48 Seiten • Gebunden • Format 15,9 x 21,1 cm • Mit Bücherbär am Lesebändchen
und Fragen zum Leseverständnis